BEI GRIN MACHT SICH IHR WISSEN BEZAHLT

AF135815

- Wir veröffentlichen Ihre Hausarbeit, Bachelor- und Masterarbeit

- Ihr eigenes eBook und Buch - weltweit in allen wichtigen Shops

- Verdienen Sie an jedem Verkauf

Jetzt bei www.GRIN.com hochladen und kostenlos publizieren

Bibliografische Information der Deutschen Nationalbibliothek:

Die Deutsche Bibliothek verzeichnet diese Publikation in der Deutschen National-
bibliografie; detaillierte bibliografische Daten sind im Internet über http://dnb.d-
nb.de/ abrufbar.

Impressum:

Copyright © 2019 GRIN Verlag
Druck und Bindung: Books on Demand GmbH, Norderstedt Germany
ISBN: 9783346053329

Dieses Buch bei GRIN:

https://www.grin.com/document/505214

S. Missy

Ernährungsthemen in der Elternarbeit. Konzeption und Durchführung eines Elternkochtreffs

Projektarbeit für das Präventionsprojekt "KiBiSS" (Kinder-Bildung-Sprache-Sozialisation)

GRIN Verlag

Konzeption und Durchführung eines Elternkochtreffs mit der dialogischen Haltung im Rahmen des Präventionsprojektes „KiBiSS"

S. Missy, M.A.

Weiterqualifizierung im Rahmen des Bundesprogramms „Elternchance ist Kinderchance" zum*zur Elternbegleiter*in vom Bundesministerium für Familie, Senioren, Frauen und Jugend (BMFSFJ)

Inhalt

1. Einführung

Diese Abschlussarbeit entstand während meiner Qualifizierung als Elternbegleiter*in im Rahmen des Bundesprogramms „Elternchance ist Kinderchance" gefördert durch das Bundesministerium für Familie, Senioren, Frauen und Jugend (BMFSFJ).In meinem beruflichen Alltag als Erziehungswissenschaftlerin und Sprachmittlerin in einem Präventionsprojekt für Kindertagesstätten,beschäftige ich mich intensiv mit den Schwerpunktthemen*Bildung, Sprache, Sozialisation* und *Elternbegleitung* als zentrale Aufgaben der Pädagogik der frühen Kindheit.

Zunehmend sind in Deutschland Kinder von *Armut* betroffen. Armut bedeutet in diesem Zusammenhang nicht nur finanzielle Notlage, sondern eine Breite von sozialen Problemen, einen *unstabilen Gesundheitszustand,Mangel an Bewegung, ungesunde Ernährung, fehlende Bildungschancen, nachteilige Berufsaussichten, fehlende bzw. geringe soziale Kontakte und Netzwerke* sowie *eingeschränkte Teilnahme am kulturellen Leben.* Ein häufig betroffener Personenkreis sind Alleinerziehende, kinderreiche Familien und Familien mit Migrationshintergrund (Kurzkonzeption KiBiSS, 2017, S. 3).Daher beschäftige ich mich bei meiner Arbeit mit zentralen Fragen: Wie kann ich persönlich dazu beitragen, dass lebenslange Benachteiligungen für die Familien und für die Kinder vermieden werden? Welche Verwirklichungschancen werden Kindern ermöglicht? Wie können Familien ihr Leben allein meistern?

Um diese Fragen zu beantworten bedarf es an einem lebendigen Dialog und konstante Kooperation zwischen allen am Projekt Beteiligten, sowie das Anregen von Verhaltensveränderungen und die Entwicklung von präventiven Maßnahmen (ebd., S. 3). Da die Qualität der Eltern-Kind-Beziehung für die Entwicklung von Kindern und Jugendlichen entscheidendist, erweisen sich Angebote als besonders erfolgreich, wenn sie die Eltern in einen selbstreflexiven Prozess begleiten (Schopp, 2013, S. 19). Während dieses Prozesses erfolgt den Austausch mit den anderen Eltern über verschiedenen Themen der Erziehung. Dabei erfahren sie von den anderen Achtung und Wertschätzung. Mithilfe einer offenen Haltung gegenüber anderen in der dialogischen Begegnung können neue Perspektiven entstehen, die den Eltern helfen ihre eigene Handlungsfähigkeit zu erweitern und sich für neue entwicklungsfördernde Verhaltensweisen zu öffnen. Eine Veränderung in der Selbstwahrnehmung, in der Fremdwahrnehmung, die Suche nach den eigenen Stärken und Ressourcen und das

Ausprobieren neuer Sichtweisen im Familienalltag sind möglicherweise die Basis für Einstellungsveränderungen (Schopp, 2013, S. 19).

Diese Arbeit beschreibt die Konzeption und die Durchführung eines Elternkochtreffs mit der dialogischen Haltung im Rahmen meiner pädagogischen Arbeit im Präventionsprojekt „KiBiSS". Im Kapitel zwei stelle ich die Rahmenbedingungen des Projektes, die Zielsetzung, die Aufgaben und die Zielgruppen dar. Ich beschreibe zudem den aktuellen Stand, die Perspektiven und die Einbindung der Projektarbeit in dem sozialen Raum. Kapitel drei beinhaltet die Reflexion des Projektes.

2. Vorstellung des Projektes

2.1 Rahmenbedingungen

Das Präventionsprojekt „KiBiSS" (Kinder-Bildung-Sprache-Sozialisation) ist an das Jugendamt des Saarpfalz-Kreises in Kooperation mit der Stadt Homburg und der Stadt St. Ingbert angegliedert. Aktuell werden insgesamt 11 Kindertagesstätten von zwei pädagogischen Mitarbeiter*innen betreut. Mit diesem Präventionsprojekt wird die erste Schnittstelle zwischen Familie und Bildungseinrichtung als Anknüpfungspunkt genutzt. Die Lücke zwischen „Frühe Hilfen" und „Schoolworker" wird durch den institutionsübergreifenden Ansatz geschlossen. Es wird somit frühzeitig Prävention und Ressourcenstärkung geleistet (Kurzkonzeption KiBiSS, 2017, S. 4) und dies ganz im Sinne des Begriffs „frühe Bildung" als zentrale Zielsetzung des saarländischen Bildungsprogramms für Krippen und Kindergärten. Einzelne Bausteine des Projektes sind präventive Maßnahmen und gezielte Beratungsangebote in den Bereichen Bewegungs- und Gesundheitsförderung, Förderung der Sprachentwicklung im Hinblick auf die Mehrsprachigkeit sowie Integration und interkulturelle Öffnung. Die Basis für eine qualitativ hohe und effiziente Projektarbeit ist vor allem ein gut ausgebautes Netzwerk. Die nachfolgende Abbildung zeigt der aktuelle Stand (2019) des Netzwerkes dar (Abb. 1):

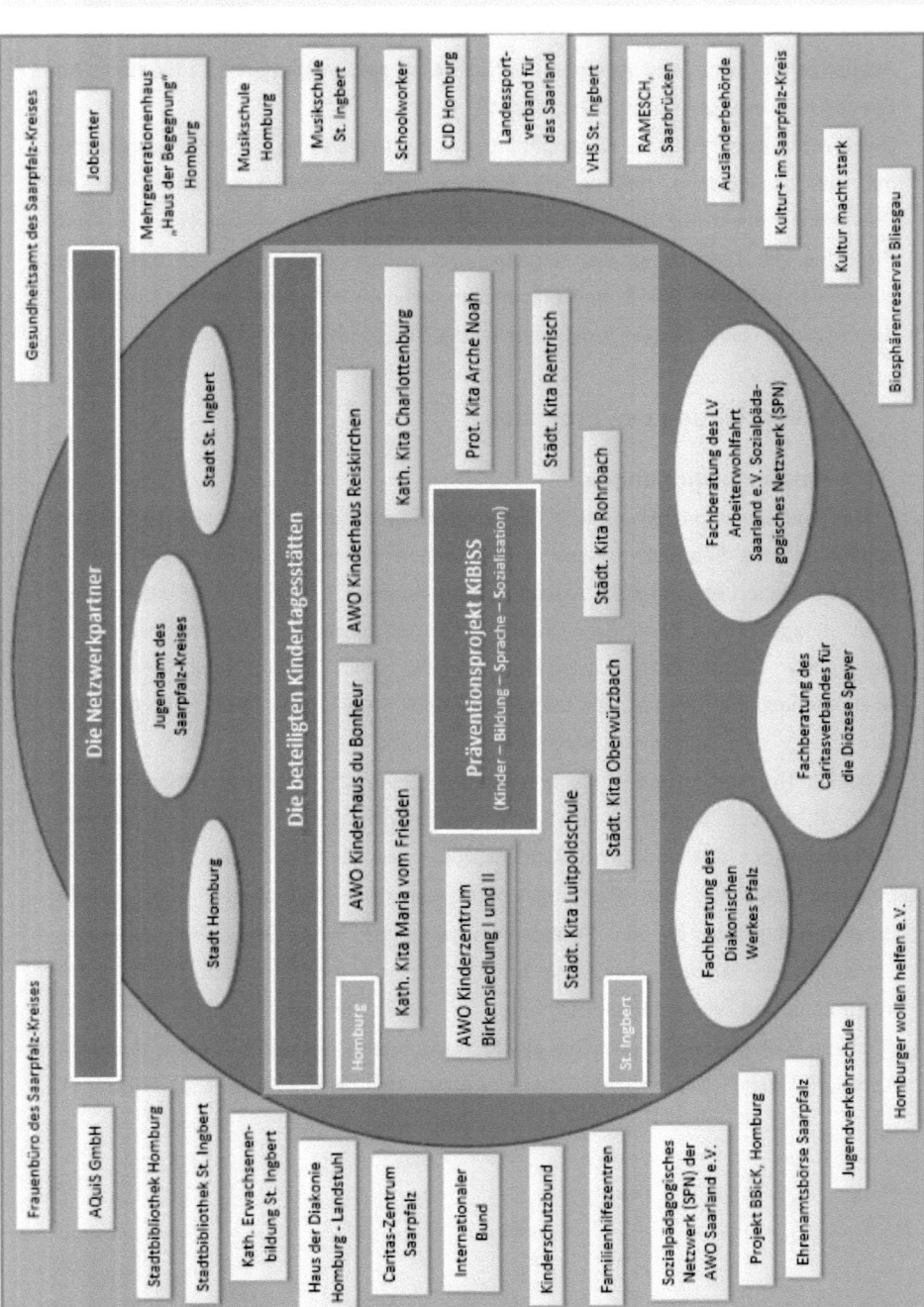

Abbildung 1: Netzwerk des Präventionsprojektes KiBiSS (eigene Darstellung)

Gesundheitsamt des Saarpfalz-Kreises

Jobcenter

Mehrgenerationenhaus „Haus der Begegnung" Homburg

Musikschule Homburg

Musikschule St. Ingbert

Schoolworker

CJD Homburg

Landessport-verband für das Saarland

VHS St. Ingbert

RAMESCH, Saarbrücken

Ausländerbehörde

Kultur+ im Saarpfalz-Kreis

Kultur macht stark

Biosphärenreservat Bliesgau

Frauenbüro des Saarpfalz-Kreises

AQuiS GmbH

Stadtbibliothek Homburg

Stadtbibliothek St. Ingbert

Kath. Erwachsenen-bildung St. Ingbert

Haus der Diakonie Homburg - Landstuhl

Caritas-Zentrum Saarpfalz

Internationaler Bund

Kinderschutzbund

Familienhilfezentren

Sozialpädagogisches Netzwerk (SPN) der AWO Saarland e.V.

Projekt BSicK, Homburg

Ehrenamtsbörse Saarpfalz

Jugendverkehrsschule

Homburger wollen helfen e.V.

Die Netzwerkpartner

Stadt St. Ingbert

Jugendamt des Saarpfalz-Kreises

Stadt Homburg

Die beteiligten Kindertagesstätten

AWO Kinderhaus Reiskirchen

Kath. Kita Charlottenburg

Prot. Kita Arche Noah

Städt. Kita Rentrisch

AWO Kinderhaus du Bonheur

Städt. Kita Rohrbach

Präventionsprojekt KiBiSS
(Kinder – Bildung – Sprache – Sozialisation)

Homburg

Kath. Kita Maria vom Frieden

AWO Kinderzentrum Birkensiedlung I und II

Städt. Kita Luitpoldschule

St. Ingbert

Städt. Kita Oberwürzbach

Fachberatung des Diakonischen Werkes Pfalz

Fachberatung des Caritasverbandes für die Diözese Speyer

Fachberatung des LV Arbeiterwohlfahrt Saarland e.V. Sozialpäda-gogisches Netzwerk (SPN)

Die Präventionskette ist von einer guten Kooperation zwischen allen Beteiligten geprägt. Mit dem Projekt sind im Rahmen des Kita-Forums im Kreis gemeinsame Standards für Qualitätssicherung, Qualifizierung und Monitoring in Kindertagesstätten geschaffen worden.

Für die Nachvollziehbarkeit meiner Projektidee im Rahmen der Qualifizierung „Elternbegleiter*in" werde ich an dieser Stelle die bereits etablierten Angebote des Präventionsprojektes darstellen. Diese sind im Dialog mit allen Beteiligten entstanden.Die Projektangebote richten sich am Bedarf der Zielgruppen (Eltern/Erziehungsberechtigte, Kinder und Fachkräfte) der Einrichtungen.

Tabelle 1: Angebote des Präventionsprojektes „KiBiSS" (eigene Darstellung)

Kindertagesstätte	Eltern
• Sprechzeiten • Schulungen (Beschwerdemanagement, Sprechende Wände) • Organisation von Kita-übergreifenden Workshops • Koordinierung von Veranstaltungen • Beratung zu Materialien der Montessori-Pädagogik • Koordinierung von Angeboten zur Leseförderung (Lesungen, Lesepatenschaft) • Ausleihe der Bewegungsbaustelle • Koordinierung von Arbeitskreisen (Kooperationsjahr) • Beratung bei Angelegenheiten mit Eltern • Unterstützung bei der Dokumentation von Projekten • Koordinierung der Kollegialen Beratung (Moderation im Team)	• Sprechzeiten • Sprachtreffs • Eltern Cafés • Einzelfallhilfe • Begleitung zu Behörden • Unterstützung beim Schriftverkehr und Antragstellungen • Überleitung zu anderen Beratungsstellen • Sprachmittlung bulgarisch-deutsch • Bereitstellung von Info-Materialien für Eltern (in mehreren Sprachen)

Basiert auf die Kernaufgaben des Projektes „KiBiSS" (bedarfsorientierte Unterstützungs-, Beratungs- und Bildungsangebote für Eltern und Kinder; Kompetenz- und Handlungserweiterung von Fachkräfte der KiTa; Informationsbereitstellung im Hinblick auf die interkulturelle Öffnung; Aufbau von Kooperationen und Vernetzungen) und der bereits etablierten Angebote in den Einrichtungen, habe ich meine Projektidee („Eltern-Kochtreff mit der dialogischen Haltung") während der zweiten Präsenzphase im Rahmen der Qualifizierung „Elternbegleiter*in" entwickelt. Direkt nach dem Abschluss der Veranstaltung habe ich meine Projektidee mit der Leiterin einer Katholischen KiTa besprochen und eine positive Rückmeldung bzgl. Konzeption und Durchführung erhalten. In einem persönlichen Austausch bei meiner wöchentlichen Sprechstunde in der KiTa haben wir gemeinsam die Umsetzung geplant. Anhand einer Checkliste wurden die möglichen Termine unter Berücksichtigung der bevorstehenden Sommerferien besprochen, es wurde die Nutzung der hauseigenen Küche zugesagt sowie auch die Verteilung der meinerseits erstellten schriftlichen Einladung seitens der KiTa-Leitung - übernommen.

2.2 Zielsetzungdes Eltern-Kochtreffs

Das vordergründige Ziel ist, dass alle Kinder *gesund* aufwachsen können und Chancengleichheit geschaffen wird. Laut Weltgesundheitsorganisation (WHO, 2014, S. 1) ist „die gesunde Entwicklung des Kindes von grundlegender Bedeutung; die Fähigkeit, harmonisch in einer in voller Umwandlung begriffener Umgebung zu leben, ist für diese Entwicklung besonders wichtig." In diesem Zusammenhang haben alle Kinder ein Recht darauf zu lernen, wie sie ihr Leben selbstbestimmt, aktiv und solidarisch mit anderen gestalten, vor allem während ihrer Lebenszeit in der Kindertagesstätte (MBK, 2018, S. 13). Die Kindertagesstätten (KiTas) haben somit eine entscheidende Schlüsselposition und beeinflussen bereits im frühen Kindesalter das gesunde Aufwachsen (LVGAFS, 2015, S. 4). Dieses kann mithilfe einem nachhaltigen Handlungsansatz in der kommunalen Gesundheits- und Bildungsmaßnahme ermöglicht werden. Damit das Ziel erreicht wird, arbeitet das KiBiSS-Projekt eng bspw. mit dem Gesundheitsamt des Saarpfalz-Kreises.

Mein Ziel bei der Konzeption und der Durchführung des Eltern-Kochtreffs mit der dialogischen Haltung ist vor allem Eltern aus den KiTas für das Thema „Ernährung" zu sensibilisieren (Austausch, Gemeinsamkeiten und Unterschiede suchen) sowie durch das Erfahren des gemeinsamen Kochens Motive und Emotionen beim Essverhalten auszutauschen. Darüber hinaus soll durch regelmäßige Treffen das eigene Essverhalten reflektiert werden und ein Bewusstsein der Eltern als Modellpersonen und Vorbilder für die Kinder (Bandura, 1979) entstehen. Laut dem Vier-Faktoren-Modell vom Pudel und Westenhöfer, 2003gibt es vier entscheidende Einflüsse auf unser Essverhalten:

- Psychische Einflüsse (Lernprozesse durch Konditionierung, z.B. Belohnung durch Eltern, positive Emotionen, z.B. Entspannung, Gemeinschaftsgefühl, negative Emotionen z.B. Stress, Ärger; Spannungsreduktion, Stimmungsaufhellung; Risikoeinschätzung, Wirksamkeitserwartungen, Attributionen)
- Soziokulturelle Einflüsse: Lernprozesse durch soziokulturelle Normen (z.B. Mahlzeitenstruktur, Modelllernen, soziale Unterstützung, soziodemographische Variablen)
- Biologische bzw. genetische Einflüsse (z.B. Sättigungs-, Hungergefühl, Grundumsatz)
- Externale Einflüsse (z.B. Verfügbarkeit einer Speise)

Macht (2005, S. 304) betont, dass Emotionen das Essverhalten verändern können und umgekehrt – durch das Essverhalten können Emotionen verändert werden. Diese Verknüpfung habe ich berücksichtigt, als ich mein Konzept entwickelt habe. Umso wirksamer kann die Projektplanung zum Thema „Ernährung" sein, je stärker beachtet wird, welche Bedeutung das Essverhalten auf die Gefühle hat und auf welchen Wegen die Gefühle das Essverhalten verändern. Besondere Bedeutung hat die Tatsache, dass Essverhalten dazu dienen kann, Stress und negative Emotionen zu bewältigen (Macht, 2005, S. 308).

Bei meiner Zielsetzung für die dialogische Projektarbeit habe ich, basierend auf die **SMART-Formel (S.M.A.R.T.)**folgenden Aspekten berücksichtigt:

Spezifität des Ziels= Ziel sollte präzise und in der Gegenwart formuliert sein; sich auf ein konkretes Verhalten oder auf einen bestimmten Zustand beziehen

Messbarkeit = Ziel muss fassbar bzw. berechenbar sein (wie oft, wie viel etc.)

Attraktivität = Ziel muss sich lohnen und sollte konkret vorstellbar sein (Visualisierung); positive Formulierung (Hin-Zu-Ziel), positive Konsequenz

Realisierbarkeit= Gewissheit der Erreichbarkeit des Ziels (z.B. auf eine Skala von 1-10)

Terminierung = Zeitmarke setzen (ab wann, bis wann)

Ich werde im Rahmen des Präventionsprojektes „KiBiSS" einmal monatlich einen Elternkochtreff mit der dialogischen Haltung für je zwei bis drei Stunden organisieren. Somit werde ich mit Hilfe von dialogischen Methoden die positive Haltung der Eltern zum Thema „Ernährung" stärken. Wir werden gemeinsam kochen, die Speisen gemeinsam genießen und Spaß dabei haben. Da diese Idee ein sehr positives Feedback der Elternschaft hervorgerufen hat, rechne ich mit einer sehr hohen Realisierbarkeit des Projektes in der Zukunft (auf eine Skala von 1-10 mindestens eine 8). Die erste Veranstaltung fand am 19.08.2019 statt.

2.3 Aktueller Stand, Teilnehmende und Perspektiven

Ich betreue beratend sechs der 11 teilnehmenden Kindertagesstätten im Saarpfalz-Kreis. Folgende Einrichtungen nehmen an das Präventionsprojekt teil:

Stadt Homburg:
- AWO Kinderhaus „Du Bonheur"
- AWO Kinderzentrum Birkensiedlung I
- AWO Kinderzentrum Birkensiedlung II
- AWO Kinderhaus Reiskirchen
- Kath. Kindertagesstätte „Maria vom Frieden"
- Kath. Kindertagesstätte „Charlottenburg"
- Evangelische Kita „Arche Noah"

Stadt St. Ingbert:
- Städt. Kindertagesstätte Luitpoldschule
- Städt. Kindertagesstätte Oberwürzbach
- Städt. Kindertageseinrichung Rentrisch
- Städt. Kindertagesstätte Rohrbach

Die Aufgaben sind sehr vielfältig und entstehen im Austausch mit den KiTa-Leitungen, sowie durch die Bedarfe der Elternschaft und der Fachkräfte. Ich biete regelmäßig eine offene Sprechstunde in den meisten Einrichtungen, veranstalte einen Sprachtreff, biete für die Familien eine Einzelfallbegleitung in Form von Hausbesuchen, Termine vor Ort in den Einrichtungen an, begleite diese zu den Behörden und stelle Vernetzungen her. Da ich über eine Qualifikation als Sprachmittlerin verfüge, begleite ich regelmäßig Familien und deren Kindern zu den entsprechenden Behörden (z.B. Jobcenter, Arbeitsamt, Gesundheitsamt, Jugendamt) und unterstütze sie mit Dolmetschen und Übersetzen. Darüber hinaus vernetze ich die Einrichtungen mit anderen Sprachmittler*innen. Somit ist die Elternbegleitung ein fester Bestandteil meiner pädagogischen Arbeit. Außerdem organisiere und veranstalte ich regelmäßige Treffen der Koordinierungsgruppen, KiTa-übergreifende Workshops und betreue die Ausleihe einer Bewegungsbaustelle für die KiTas (S. Tabelle Aufgaben). Dies alles stellt das niederschwellige, nachhaltige, vernetzende und zentralgesteuerteAngebot des Projektes. Hervorzuheben ist, dass das Projekt mit dem Fokus auf das Thema „Sprache" zur Förderung aller Kinder mit Sprachauffälligkeiten und zur Integration vor allem auch von Familien mit Migrationshintergrund beiträgt. Das Thema „interkulturelle Kompetenz" ist hier entscheidend, weil alle Einrichtungen von Vielfalt der Kulturen geprägt sind. Die Unterstützung, Beratung und Begleitung wird allen angeboten und eröffnet den Kindern eine größere Chance zur guten Entwicklung und Bildung.

Wie bereits dargestellt ist ein weiterer Schwerpunkt die *Elternarbeit*. Hier ist es von großer Bedeutung Aufklärung in den unterschiedlichsten Bereichen zu leisten. Zum einen soll das pädagogische Fachpersonal der Kindertagesstätten in ihrer alltäglichen Arbeit mit den Eltern sensibilisiert und unterstützt werden sowie die Möglichkeit zur Reflexion des eigenen Handelns, der eigenen Haltung und Werte erhalten. Zum anderen sollen durch externe Angebote Eltern in ihren Lebenslagen begleitet werden und Hilfestellungen an die Hand bekommen. Es steht außer Frage, dass ein Kind sich ausschließlich frei entfaltet und nach seinen Fähigkeiten positiv entwickelt, wenn eine gute Zusammenarbeit, die Basis der *Erziehungspartnerschaft,* zwischen allen an der Erziehung beteiligten Personen gewährleistet wird.Durch die bedarfsorientierte Individualität, die in dem Präventionsprojekt „KiBiSS" gelebt wird, können für jede teilnehmende Kindertagesstätte und ihre Familien, die für sie effektivsten und hilfreichsten Angebote gefunden werden. Somit werden positive Entwicklungsmöglichkeiten und Qualitätsstandards vorangetrieben.

2.4 Einbindung im Sozialraum

Auf dem Hintergrund, dass im Zuge der zu erwartenden Sozialisationsveränderung und im Hinblick auf den sich vollziehenden demographischen Wandel im Saarpfalz-Kreis jetzt und in Zukunft mehr Menschen mit Migrationshintergrund leben und lernen, wird in den nächsten Jahren die Verankerung und Etablierung des Projektes „KiBiSS" in der Präventionslandschaft von allen Beteiligten angestrebt. Denn nicht nur Eltern und Kinder der Tageseinrichtungen kommen mit Veränderungen in der Kindertagesstätten-Landschaft in Berührung, sondern auch das pädagogische Fachpersonal ist mit neu aufkommenden Anforderungen konfrontiert. Egal ob durch politische Anlässe geschuldet oder aus bisher gemachten Erfahrungen in den unterschiedlichsten Bereichen entstanden. Um die Qualität der Kindertagesstätten auch weiterhin gewährleisten zu können und die Familien in ihrer Erziehungsaufgabe zu bestärken, zu beraten und zu unterstützen, benötigt es ein externes Präventionsprojekt mit Fachpersonal, dass sich durch seine Zusatzqualifikationen und Kompetenzen, auch im Hinblick auf Mehrsprachigkeit auszeichnet. Hierdurch können Langzeitfolgen minimiert und im besten Fall eingedämmt werden. Dies hat wiederum eine positive Auswirkung auf die Jugendhilfemaßnahmen und somit auch auf den finanziellen Haushalt der Kommune.Demnach ist festzuhalten, dass unter Berücksichtigung der schon bestehenden Präventionskette im Saarpfalz-Kreis, dem guten Zusammenspiel aller Beteiligterund der vorhandenen Ressourcen, mit der Einführung des Präventionsprojektes „KiBiSS" die bisherige Präventionsarbeit im Kreisgebiet intensiviert und weiterentwickelt wird. Oberstes Ziel ist es, auf dem Hintergrund des Grundgesetzes und der UN-Kinderechte, *zum Wohle des Kindes zu handeln* und deren *Resilienz* zu stärken.

3. Reflexion des Projektes

Der Eltern-Kochtreff mit der dialogischen Haltung fand am 19.08.2019 in einer Kath. KiTa von 15 bis 18 Uhr statt. Es wurden die Räumlichkeiten der KiTa zur Verfügung gestellt (die Kantine für die Seminardurchführung und die Küche). Für das Projekt haben sich fünf Mütter angemeldet: eine Mutter (Frau M. aus Syrien), mit der ich regelmäßig im Rahmen des wöchentlichen Sprachtreff zusammenarbeite, zwei Mütter aus Bulgarien (Frau A. und Frau Z.), die ich im Rahmen der

Einzelfallberatung begleite, eine syrische Mutter (Frau A.) und eine deutsche Mutter (Frau P.), zu denen ich noch keinen Kontakt hatte.

3.1 Elemente des Scheiternsund des Gelingens

Nach meinem Urlaub habe ich die Leiterin der Kita kontaktiert, um mich zu erkundigen, wie viele Rückmeldungen für das geplante Projekt zurückkamen. Leider bekam ich das Feedback, dass sich bisher keine Eltern angemeldet haben. Mein Projekt drohte zu scheitern aufgrund fehlender Teilnehmer*innen. Verschiedene Faktoren beeinflussten die Durchführung des Projektes – die Sommerpause sowohl in der Einrichtung auch meinerseits, viele neue Familien, die ihre Kinder erst eingewöhnen mussten und den Übergang vieler bekannten Familien und Kinder in die Schule, Umbau des Außenbereichs der KiTa, bevorstehender Audit in der Einrichtung und daraus resultierende Anspannung des Personals. Ich war etwas ratlos und habe andere Projektalternativen in Erwägung gezogen. Es blieben nur noch wenige Tage, um meinen Zeitplan einzuhalten. Als ich in den darauffolgenden Tagen tatsächlich fest beschlossen habe, das dialogische Projekt im Rahmen des wöchentlichen Sprachtreffs durchzuführen, kamen drei Anmeldungen für den Kochtreff. Da ich ein gut ausgebautes Netzwerk von Familienbegleite, fragte ich noch andere Familien, die ich im Rahmen der Einzelfallbegleitung betreue, ob sie am Elternkochtreff teilnehmen möchten. Zwei Mütter haben zugesagt. Ich habe somit insgesamt fünf Anmeldungen erhalten. An dem Morgen der Projektdurchführung hat sich die eine Teilnehmerin bei mir telefonisch gemeldet und mir mitgeteilt, dass ihr Kind leider krank geworden ist und sie nicht kommen kann, jedoch mir ihre Unterstützung für künftige Seminare angeboten. Ich habe somit vier Teilnehmerinnen und mit unterschiedlichem Niveau der Deutschsprachkenntnisse. Als thematischer Einstieg und Aufwärmerbeim ersten Elternkochtreff mit der dialogischen Haltunghabe ich die Methode des Dialog-Karussells gewählt. Da ich mir nicht sicher war, ob die Lese- und Sprachkompetenz der bulgarischen Teilnehmerinnen für die Gespräche ausreichen, habe ich die Fragen auf Bulgarisch übersetzt und als Handout vorbereitet.

Eine weitere Herausforderung war es, dass eine der Mütter ihre Tochter mitbringen musste. Es bestand die Möglichkeit, dass das Mädchen in einer der Kita-Gruppen betreut wird. Es wollte sich aber nicht von ihrer Mutter trennen. So galt es diese Entscheidung anzunehmen und flexibel zu reagieren. Ich habe mich einfach darauf eingelassen und entschieden, dass ich als Seminarleiterin nicht alle Komponenten

11

kontrollieren kann. Es war für mich ungewiss, ob ich den Dialog-Karussell störungsfrei durchführen kann.zum Schluss war doch alles machbar - die Kleine hat ruhig bei ihrer Mutter gesessen und die Teilnehmerinnen konnten sich über die gestellten Fragen unterhalten.das gemeinsame Kochen hat anschließend allen sehr viel Spaß gemacht, die Aufgaben in der Küche wurden selbständig verteilt und erledigt. Wir haben gemeinsam mit der Kita-Leiterinnen und einige Erzieher*innen die selbstgemachten Tacos am Büffet gegessen. Alle waren begeistert und wünschten sich eine Fortführung des Elternkochtreffs.

3.2 Elemente des Fragens

Die Regeln des Dialogs habe ich auf laminierte Blätter visualisiert und in dem Raum im Stuhlkreis verteilt (Schopp, 2013, S. 222):

- Jede/Jeder genießt den gleichen Respekt.
- Ich mache mir bewusst, dass meine Wirklichkeit nur ein Teil des Ganzen ist.
- Ich genieße das Zuhören.
- Ich brauche niemandem von meiner Sichtweise zu überzeugen.
- Ich verzichte darauf, (m)eine Lösung über den Lösungsweg meines Gegenübers zu stellen.
- Wenn ich von mir rede, benutze ich das Word „Ich" und spreche nicht von „man".
- Bevor ich rede, nehme ich mir einen Atemzug Pause.
- Ich rede von Herzen und fasse mich kurz.
- Ich vertraue mich neuen Sichtweisen an.
- Ich nehme Unterschiedlichkeit als Reichtum wahr.

Die genauen Fragen des Dialog-Karussells zum Thema „Ernährung" und „Familie" befinden sich im Anhang. Beim Ankommen habe ich alle persönlich begrüßt und den Teilnehmerinnen Zeit gelassen sich vorzustellen und sich kurz auszutauschen. Danach haben wir gemeinsam die Räumlichkeiten der Küche besichtigt. Die Kochidee (mexikanische Tacos) habe ich im Vorfeld an den Teilnehmerinnen festgelegt. Im Anschluss begann die dialogische Arbeit mit der Methode „Dialog-Karussell" (Schopp, 2013, S. 192).

Ich habe alle gebeten für den Dialog-Karussell die Stühle gegenüber zu stellen und die Methode erklärt. Danach erhielten alle denHandout mit den Fragen zum Thema „Ernährung" und „Familie" (s. Anhang). Jede Teilnehmerin befand sich einmal in der Frage- und Antwortgeberrolle und durfte sich aus der Liste Fragen aussuchen, über die sie in den nächsten vier bis fünf Minuten mit ihrer Gesprächspartnerin austauscht. Der Wechsel der Gesprächspartnerinnen habe ichmit dem Signal eines Triangels angekündigt.

3.3 Elemente des Suchens

Eine der Ziele des Projektes ist es ein Austausch zum Thema „Ernährung" anzuregen, sowie Gemeinsamkeiten und Unterschiede zu suchen. Die Teilnehmerinnen waren in der ersten Runde etwas zurückgehalten, konnten aber mit der Zeit etwas warm miteinander werden. Bei dem Tausch wurde die Atmosphäre immer lockerer und es wurde bei sprachlichem Missverständnisse viel miteinander gelacht. Es wurde intensiv über das Thema „Ernährung" gesprochen, es erfolgte ein Gedanken- und Erfahrungsaustausch, es gab eine Auflockerung und Bewegung in der Gruppe. Jede hat eine aktive Haltung im Zueinander-Sprechen und Zuhören eingenommen. Die Suche nach einem Austausch, nach einem Dialog, nach einer gemeinsamen Sprache trotz Sprachbarrieren spiegelte sich in der Abschlussreflexion wieder. Keine wusste was auf sie zukommt und jede hat sich auf das Dialog eingelassen.

*„Es war neu für mich, aber sehr spannend", „Interessante Runde", „Ich habe viel Neues über die Anderen erfahren können", „Das können wir öfters machen", „Ich habe nicht gemerkt, wie die Zeit vorbeiflog",„Ich habe sehr viel Spaß gehabt"*waren einige der Antworten in der Blitzlichtrunde nach dem Dialog-Karussell.

3.4 Visionen und Reflexion der eigenen Rolle

Meine Rolle als Dialogbegleiterin betrachte ich as eine komplexe und vielfältige Aufgabe. Von mir und meine menschlichen, dialogischen und fachlichen Kompetenzen hängt der Erfolg oder der Misserfolgs des Dialogs mit den Eltern ab (Schopp, 2013, S. 156). Die Kriterien für die Reflexion begründe ich mit den **fünf Ebenen im Dialog** nach Schopp (2013, S. 9):

1. Erweiterung des Wissensspektrums
2. Reflexion des Denkens, Handelns, Fühlens, Handelns und Wollens

3. Mein Selbstbild

4. Meine Biografie

5. Meine Suche nach dem Lebenssinn

Ich bin mir bewusst, dass ich über das Thema „Ernährung" über viel Wissen verfüge, sehr gern selbst koche und mein Wissen den Teilnehmenden gern zur Verfügung stelle. Es gibt jedoch meinerseits keinen starren Rezepten für die Ernährung in der Familie. Ich stelle im Fokus den Austausch mit den Menschen, weil das gemeinsame Kochen Spaß macht. Natürlich gebe ich meinen eigenen Erfahrungen beim Kochen wieder, lerne im Austausch die Vorlieben und die Erfahrungen anderer kennen. Mein Ziel ist die Eltern zu stärken und nicht zu verunsichern. Ich betrachte sie als meine Gäste, denen ich gern zuhöre, wertschätze und ernsthaft wahrnehme. Beim gemeinsamen Kochen kann ich mich selbst, aber auch die anderen reflektieren. Wie verhalte ich mich, wie verhalten sich die Anderen? Was kann ich von den Anderen selbst lernen? Welche Auswirkung hat den Umgang mit Eltern auf mein Leben? Bin ich in der Lage andere Lebensstilen und die individuellen Lebenserfahrungen zuzulassen? Ich lade alle dazu ein, gemeinsam Spaß zu haben und wenn auch nur kurz, nicht an den Unmenge an existentiellen Problemenzu denken. Wenn das selbstgekochte Essen auch schmeckt, freut mich das am meisten.

Zum dritten Aspekt, mein Selbstbild, stehe ich im Dialog mit mir selbst. Was ist mein persönlicher Bezug zum Thema „Kochen"? Was habe ich in der Kindheit für positive Rollenmodelle beim Kochen erlebt? Wie erlebe ich das Thema in meiner eigenen Familie? Was kann ich, was kann ich nicht? Wo liegen meine eigenen Sucht- und Verdrängungsstrukturen? Wie bewältige ich mein Leben und mein Alltag? Wie verhalte ich mich bei problematischen Auseinandersetzungen? Ich kann über Anderen lernen, wenn ich mich persönlich kenne. Die Fragen, die ich im Dialog formuliert habe, muss ich mir selbst beantworten können. Kann ich mich selbst spiegeln und mich vor den Anderen angstfrei äußern?

Im Dialog bin ich bereit meine eigene Lebensgeschichte zu teilen. Ich lade alle dazu ein auch ihre Biografien zu teilen. Es geht vor allem darum, welche Erfahrungen meine Sprache, mein Akzent, mein Denken, Fühlen und Handeln geformt haben. Kann ich Situationen und Menschen, die mir viel bedeutet haben, aktuell als Kraftquellen in mir selbst aktivieren? (Baacke& Schulze, 93, S. 19; zitiert nach Schopp, S. 137). Ich überlasse es jedem selbst zu entscheiden, wie viel sie aus ihrer eigenen Lebensgeschichte erzählen möchten. Ich respektiere die Grenzen und den Widerstand den Anderen. So wie ich meine eigenen Grenzen akzeptiere (Schopp, S. 140).

Für das Leben gibt es kein Rezept und keine einfachen Lösungen. Im Dialog kann ich mich selbst als Elternteil nach den Sinn von Zerreißproben fragen, das Leben als eine Reise betrachten und meinen individuellen Weg begreifen. Wohin gehe ich? Was habe ich bisher auf meinen Lebensweg erlebt? Wie erfüllt ist mein Leben? Welche Ideale und Visionen lebe ich? Wo sind meine eigenen Stärken und Schwächen? Was sind meine ganz persönlichen Kraftquellen? Was ist meine berufliche Identität? (Schopp, S. 110).

Während meiner bisherigen pädagogischen Praxis erlebe ich Vieles, sowohl Positives als auch Negatives. Wie Konfuzius (551-479 v. Chr.) einst schrieb, liegt der größte Ruhm im Leben nicht darin, nie zu fallen, sondern jedes Mal wieder aufzustehen. Diese Erfahrungen prägen mich stark und machen mich zu der, die ich heute bin. Was mir die dialogische Lehre zeigt, ist meine positive Haltung nicht aufzugeben, stets weiterhin neugierig auf das Leben und für lebenslanges Lernen offen zu bleiben. Ich gestehe mir selbst ein, dass ich nicht alles verstehen und beeinflussen kann. Ich lerne geduldiger zu sein, gelassen zu bleiben und nicht alle Fragen beantworten zu können. Meine Vision ist alle, die ich auf meinem Lebensweg begegne, mit meiner Persönlichkeit und mit einer offenen Haltung anzusprechen. Hass und Gewalt zerreißen die Menschheit. Ich kann aber hingegen Lebenslust, Respekt, Hoffnung, Wertschätzung und gutes Essen anbieten und somit das Zusammenleben ein wenig schöner machen.

4. Literaturverzeichnis

Bandura, A. (1979). *Social learning theory.* Englewood Cliffs: Prentice Hall.

Diedrichsen, I. (1990). *Ernährungspsychologie.* Berlin: Springer.

Ellrott, T. (2007). Wie Kinder essen lernen. *Ernährung* (4), 167–173. Zugriff am 03.09.2019 https://www.in-form.de/fileadmin/Dokumente/Materialien/Leitfaden_Gesundheitsfoerderung_Kita.pdf

Kath. KiTa Zugriff am 03.0.9.2019 https://www.pfarrei-hom-hl-johannes.de/kinder-jugendliche/kindertagesstaetten/kita-maria-vom-frieden-erbach/

KiBiSS (2017). *Kurzkonzeption des Präventionsprojektes.* Unveröffentlichter Bericht.

LVGAFS (Landesvereinigung für Gesundheit und Akademie für Sozialmedizin Niedersachsen e.V.)(2015). *Gesunde Kita für Alle! Leitfaden zur Gesundheitsförderung im Setting Kindertagesstätte.* Zugriff am 03.09.2019 https://www.in-form.de/fileadmin/Dokumente/Materialien/Leitfaden_Gesundheitsfoerderung_Kita.pdf

Macht, M. (2005). Emotionsbedingtes Essverhalten. Die Bedeutung der Emotionen. *Zeitschrift für Psychologie, 213* (1), 9–22.

Max-Rubner Institut (2008). *Nationale Verzehrstudie, Ergebnisbericht Teil II.* Karlsruhe: Bundesforschungsinstitut für Ernährung und Lebensmittel.

MBK Saarland (2018). *Bildungsprogramm mit Handreichungen für saarländische Krippen und Kindergärten.* Weimar: Verlag das Netz.

Projekt „KiBiSS" im Internet Zugriff am 03.09.19 unter https://www.saarpfalz-kreis.de/aquis/projekte/kibiss

Pudel, V. &Westenhöfer, J. (1998). *Ernährungspsychologie – Eine Einführung* (2. Aufl.). Göttingen: Hogrefe.

Pudel, V. &Westenhöfer, J. (2003). *Ernährungspsychologie. Eine Einführung* (3., unv. Aufl.). Göttingen u.a: Hogrefe.

Pudel, V. (2003). *Adipositas:* Hogrefe.

Rezeptidee Zugriff am 03.09.2019 http://www.viktoriastable.com/?s=tacos

Stieß, I. &Hayn, D. (Februar/2005). *Ernährungsstile im Alltag. Ergebnisse einer repräsentativen Untersuchung.* Frankfurt am Main: Institut für sozial-ökologische Forschung (ISOE). Zugriff am 03.09.2019 https://d-nb.info/1063996716/34

Schopp, J. (2013). *Eltern stärken. Die dialogische Haltung in Seminar und Beratung.* (4. überarb. Aufl.). Berlin & Toronto: Barbara Budrich, Opladen.

WHO (2014). Verfassung der Weltgesundheitsorganisation. Zugriff am 01.09.2019 https://www.admin.ch/opc/de/classified-compilation/19460131/201405080000/0.810.1.pdf

Zitatehttps://www.aphorismen.de/zitat/4102

5. Anhang

Die dialogische Methode „Dialog-Karussell" zum Thema „Ernährung" und „Familie" (Handout)

→ Wie viele Kinder haben Sie?

→ Was essen Sie am liebsten?

→ Was essen Ihre Kinder (Ihr Kind) gern?

→ Was können Sie besonders gut kochen?

→ Was bereiten Sie mit der ganzen Familie zum Essen besonders gern?

→ Was ist Ihnen beim Essen besonders wichtig bei den gemeinsamen Mahlzeiten?

→ Wann haben Sie Zeit für gemeinsame Mahlzeiten?

→ Was mögen Sie an Ihren Kindern besonders?

→ Wofür sind Sie Ihren eigenen Eltern dankbar?

→ Für was in Ihrem Leben sind Sie besonders dankbar?

→ Was können Sie besonders gut?

→ Welche Werte sind Ihnen besonders wichtig?

→ Was machen Sie als Mutter / Vater für sich selbst?

→ An welches Ritual in Ihrer Familie erinnern Sie sich besonders gern?

→ Wann haben Sie das letzte Mal mit Ihrem Kind gelacht?

Auswertung des Dialog-Karussells

- Wie ist es Ihnen ergangen?
- Welche Frage war Ihnen am wichtigsten?
- Was hat Ihnen besonders gut gefallen?

Übersetzung der Fragen ins Bulgarische (Handout):

Метода "Диалог-въртележка"

Каталогвъпроси:

→ Колкодецаимате?

→ Кое е любимо̄товиястие?

→ Какво е любӣмотоястиенадецатаВи?

→ Каквоготвите с най-голямоудоволствие?

→ Каквоготвите с цялотосемейство?

→ Какво е най-важнотоповременасемейнатавечеря / обяд?

→ Когаиматевремезахраненевсичкизаедно?

→ Коеобичатена̄й-многопридецатаси?

→ Закаквостенай-благодарнинаВашитеродители?

→ Закаквостенай-благодарни в животаси?

→ КаквоВисеотдаванай-добре?

→ Коистойностисанай-важнизаВас?

→ Каквоправитекатородителзасебеси?

→ КойсемееенритуалотВашетодетствоВиносиприятниспомени?

→ Когапоследностесесмяли с Вашитедеца?

Оценканаметода:

Каксечувствахтеповременатоваупражнение?

Койвъпросбешенай-важензаВас?

КаквоВихаресанай-много?